邓湘子彩色笔作文书

中级 版
爱上发现作文

邓湘子◎编著

做得有创意，表达更精彩。

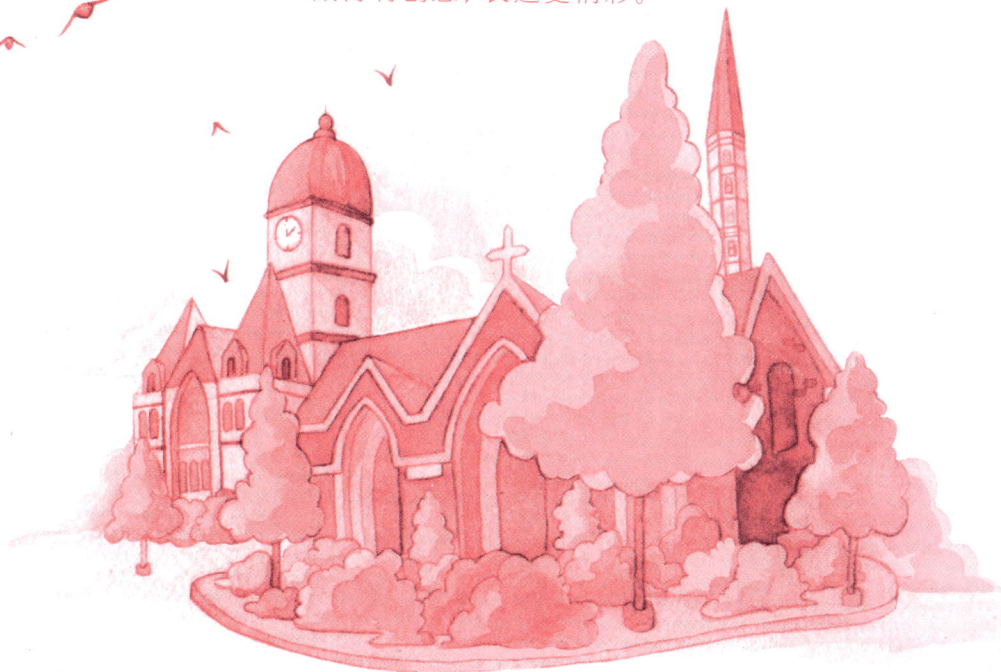

中南大学出版社
www.csupress.com.cn

自 序

1

这套"邓湘子彩色笔作文书"，一共有四册，即：

初级版·学写发现笔记

中级版·爱上发现作文

高级版·激活发现思维

参照系·发现阅读文选

细心的读者一看，就会了解到，前面三册是作文书，后面一册是阅读文选。为什么这样组合？因为在我看来，阅读是写作的基础，习作者首先要做的，是看清楚文章的基本样子，尤其要看清优秀文章的基本样子。

这套书的使用，要从阅读开始。

我观察儿童的成长，看到玩具在童年生活里发挥的魔力。给一个滑板，或者一辆自行车，他们感受神奇的速度；给一个画板，再加一支画笔，他们能领略绘画的美妙；给一个纸飞机，或者一只风筝，他们会放飞高远的想象……

在儿童那里，所有的玩具都是工具，帮助他们去探索世界；而所有的工具都是玩具，让他们得到巨大的快乐。

因此，我在这套书里加入了一个重要的元素——彩色笔。我希望它是孩子们阅读的工具，也是他们学习写作的玩具。

使用彩色笔去阅读，是为了更好地看清楚文章的基本样子。

用好彩色笔去写作，有助于写出更精彩的作文。

2

我对文章的基本样子有如下观点：

一、在我看来，好的文章里表达了作者的生命体验、心灵感悟、理性思考和独自发现。

二、好的文章写的都是作者自己的故事，里面有作者的感觉、感情、情绪、思考、思想、思维、联想、想象、创意甚至创造。

三、好的文章里有作者运用的各种写作方法。

孩子们在学习写作的过程中，应该借助有用的阅读工具，看清楚文章里的各种元素。"看清楚"的过程就是在阅读中深入学习的过程。彩色笔就是我们提供给孩子们的阅读工具。

比方说，彩色笔可以帮助你看清楚文章里的各种感觉。具体做法是，请你使用不同颜色的笔将与不同感官有关的句子划画出来——

红色笔——眼睛观察的句子；

橙色笔——鼻子感受的句子；

黄色笔——有关肤觉的句子；

绿色笔——嘴巴说出的句子；

青色笔——有关味道的句子；

蓝色笔——耳朵听到的句子；

紫色笔——心灵感受和思考判断的句子……

这就是"划一划，找感觉"阅读游戏。

使用彩色笔做这个阅读游戏，帮助你打开生命感官。

诚然，用彩色笔进行阅读探索，还有更多的用途。我们在《参照系·发现阅读文选》里设计了一些动手动脑的练习，请在阅读过程中用起来。相信彩色笔这一阅读工具，一定会给你带来阅读的惊喜和全新的启发。

我提倡"用发现的眼光去阅读"。

从阅读中看清楚了文章的基本样子，从阅读中弄清了文章与作者之间的关系，你就可以开始动笔练习写作了。

3

其他三册作文书里，有许多关于写作的创意设计，就是要激发你去行动，去思考，去探索，去发现，在此基础之上来记录自己创造的故事和体验。

我提倡"用发现的眼光写作文"。

我对作文训练有如下观点：

一、内容是第一的，也就是"内容为王"。内容从哪里来？从你的行动来，从你的探索、思考、感悟、体验、发现和创造中来。

二、小学和初中阶段的作文，主要是记叙文，其实就是记录自己的成长故事。我提倡同学们要做小行动者、小探索者、小思想者、小发现者。你的行动敏捷起来，你的生活丰富起来，你的故事精彩起来，你的心灵、你的大脑被激活了，你的作文自然也有了精彩而丰富的内容。

三、小学和初中学生写的作文，如果内容比较新鲜、文笔比较生动、表达比较集中，我认为就是比较优秀的作文了。如果你觉得自己找不到新鲜的材料，那就主动去做一件有创意的美好事情。动手动脑，感悟体验，探索发现,作文内容才会更新鲜!

看清作文就是讲述与记录自己的故事,看清作文的内容来自作者的行动与体验,可以减缓习作者对于作文的焦虑与畏难情绪,并且找到努力的方向。

其他三册作文以"初级""中级""高级"标明了训练阶梯,当然是由低到高地进行练习阶梯。

4

我的作文观念被我自己定义为"发现作文"。

什么是"发现"?

什么是"发现作文"?

什么是"发现思维"?

如果你愿意更多地探索和了解这些问题,建议在本套书中去寻找并研读《为什么提倡小朋友写"发现作文"》《听到花开的声音》《爱的礼物》这三篇文章。

也可以阅读我的专著《发现作文·风靡版》。

5

本套书的使用与操作,有一个重要方法,就是结对交流。

结对一:找一两个同龄的同伴,一起开展书中的读写活动,彼此交流互动,肯定优点,指出不足。

结对二:爸爸或妈妈也来当小作者的学习伙伴,促进活动开展,解决一些问题。比如，有的小作者开展活动后，有了自己的故事和体验，却不会如何动笔。这时候可以进行"你说我记"活动——孩子说，父母记。如果孩子说得不充分，父母再提问，孩子又补充。在此基础上整理成内容比较充实的作文。两三次这样的互动记录之后，孩子一般都能找到自己的语言感觉。

写作文时，当然使用黑色笔或者蓝色笔。彩色笔在学习与互动的过程中要发挥特别的作用。

同伴、父母看到习作中的不足之处，要用彩色笔写出意见。如，"建议你在这里把动作细节描写得更具体一些"，动作细节是眼睛看得见的，所以用红色笔来写建议；"要增加人物的对话，表达会更生动"，对话是耳朵听到的，所以这句话要用蓝色笔来写。作者用相应的颜色的笔，对自己的作文进行修改。

让彩色笔动起来，与伙伴共同进步。

希望同学们做主动的学习者——在行动中创造自己的精彩故事，在习作中记录自己的精彩故事和独特体验。这样，你就会让自己成长为更优秀的人、更美好的人！

目录

① 嘿，请用你的眼睛瞧一瞧

🪐 画一画

我的彩色笔是有魔法的，它能够画出美丽的图画。不过，我首先要进行观察，抓住事物的特点，才能画出有特色的图画。

邀请小伙伴一起参加这次观察活动，大家分成几个小组，一个小组确定一个观察对象。要根据要求进行观察，自己找一张 A4 纸，把自己的观察画成一张图画。

集合的时候，根据自己的图画来讲述、交流。

嘿，请用你的眼睛瞧一瞧——什么花儿开得那么红？它叫什么名字，有几片瓣儿？它的形状什么样？我用我的红色笔画下来。

嘿，请用你的眼睛瞧一瞧——什么草长得那么绿？它叫什么名字，它的形状什么样？我用我的绿色笔画下来。

嘿，请用你的眼睛瞧一瞧——什么果实长得那么可爱？它叫什么名字，它的形状和颜色什么样？我用我的彩色笔画下来。

嘿，请用你的眼睛瞧一瞧——什么动物长得那么有特点？它叫什么名字，它的形状和颜色什么样？我用我的彩色笔画下来。

▶ 说一说

第一步，整理好自己的观察笔记，抓住观察对象的特点，有条理地进行表达：

_____

_____

_____

_____

第二步，分组进行交流。自己讲述时，要有条理，要展示你的图画。在别人讲述时，要用心聆听，把自己没观察到的地方记录下来：

_____

_____

_____

_____

　　第三步，在小组里选出观察细致、图画绘得最认真的那一位，让他（她）作为小组的代表，去班上进行交流。

　　在别人讲述时，要用心聆听，把人家观察到的特点记录下来：

_____

_____

_____

_____

? 想一想

　　1. 哪些同学的讲述很精彩？

_____

_____

　　2. 哪些同学的图画很精彩？

_____

_____

　　3. 采访那些同学，请他们谈一谈为什么能做出精彩的讲述，为什么能画出比别人更好的图画。

_____

_____

写一写

写出自己的观察经历和观察收获。如果觉得观察不细致，课后还可以重新进行观察。

② 找声音

读一读

走进大自然，张开你的耳朵，聆听大自然美妙的声音，你一定会感到愉悦和惊喜。

苏联作家维·比安基写的《森林报》这本书里，有些短文把森林里的声音写得形象生动，富于趣味，非常精彩。

我们来读其中的一篇——

田野里的声音

我和一个同伴到田里去除草。我们悄没声儿地走着，只听见一只鹌鹑从草里向我们说："去除草！去除草！去除草！"我跟它说："我们就是去除草呀！"可它还是一个劲儿说它的："去除草！去除草！"

我们走过一个池塘。池塘里，两只青蛙把头探出水面，鼓动着耳后的鼓膜，一个劲儿叫。一只青蛙叫的是："傻瓜！傻瓜，傻瓜！"另一只青蛙回答它："你傻瓜！你傻瓜！"

我们来到田边，几只圆翅膀的田凫欢迎我们。它们在我们头顶上扑着翅膀，问我们："是谁？是谁？"

我们回答它们："我们是从克拉斯诺雅尔斯克村来的。"

找一找

上面的文章里写到了哪些动物的声音？它们是怎么叫的？

第一种动物：　　　　　　；它的叫声：

第二种动物：　　　　　　；它的叫声：

第三种动物：　　　　　　；它的叫声：

▶ 说一说

你熟悉的动物里，你最喜欢哪种动物的叫声？它是怎么叫的？

我最喜欢的一种动物：　　　　　　；它的叫声：

🪐 画一画

把自己喜欢的这种动物画下来。

模仿上面这种动物的叫声，在班上进行表演。

查找资料，了解你画下的动物什么情况下会叫，什么情况下不会叫。

❓ 想一想

大自然还有许多的事物也会发出声音。

如果你听过下面这些声音，请在后面括号内打"√"。

你是否听到过泉水奔跑的声音？（　　　）

你是否听见过风吹树叶的声音？（　　　）

你是否听见过石头碰撞的声音？（　　　）

你是否听见过赤脚走在石板路上的声音?（　　）

你是否听见过雨点打在屋顶上的声音?（　　）

你是否听见过蜻蜓抖动翅膀的声音?（　　）

你还听过哪些印象深刻的声音?

读一读

人也会发出有意思的声音。

请你朗读下面这首小诗——

打呼噜的爸爸

爸爸的肚子很大很大

爸爸睡觉的时候

滚来一阵海啸般的喊声

有风平浪静之时

有风卷浪涌之时

爸爸

你的肚子里

是不是装着一个大海

请你回忆,你最熟悉的妈妈的声音是什么?

答: ＿＿＿＿＿＿＿＿＿＿＿＿＿＿＿＿＿＿＿＿

做一做

你家有电视机吗? 当然有!

每到夜晚,电视机的声音把其他的声音都淹没了。

请大家开展一项有趣的活动:

找一找夜晚的声音

尝试关掉自己家里的电视机，安静地听一听，你听到了哪些声音？

也许你听到的还是电视机的声音，是从邻居家里传来的。那么，请你走出家门，走到不受电视声音干扰的地方，安静地倾听。

夜晚出门，要注意安全。建议你邀请爸爸妈妈一起参加活动，请他们当顾问。

也许你听到了各种不同的声音，那真是好极了。

学一学

选择你最喜欢听的一种声音，听清楚那到底是什么声音，发声体是什么。建议你尝试模仿那种声音，争取学得惟妙惟肖，那才棒呢！

这项活动，是想让同学们打开自己的听觉，学会用耳朵捕捉、倾听与欣赏。

演一演

班上每个同学都找到自己喜欢的一种声音，都学会表演一种声音，很有意思啊。举行一个声音表演主题班会，把自己学会的奇妙声音表演出来，请同学们分享。

哇，那就更棒了！

写一写

写一个关于声音的故事，或者写一个有声音的故事。

③ 让鼻子发挥作用

📖 读一读

卓别林的母亲是表演艺人，有一次在伦敦一家俱乐部准备演出时，她的嗓子突然沙哑，临时让五岁的卓别林登台救场。

《卓别林自传》里写道，他们曾住在腌菜厂附近，"我们老是闻到那股酸味儿"。也许是闻多了怪异的腌菜味儿，卓别林在舞台上出了乱子，他灵机一动，把鼻子的作用发挥出来了——

> ……我陪马塞林演滑稽剧里的一个小配角。我扮演一只猫，吃着牛奶，马塞林从一条狗跟前倒退过来，在我背上绊了一个跟头。我戴了一个猫的假面具，装出猫吃惊的神情，走到那狗的屁股后面，开始用鼻子去嗅。观众们大笑……戏院的老板从后台走出来跺脚，在条幕后面急得打手势。但是我继续那样表演。我先嗅嗅狗，再嗅嗅台口，然后举起了一条腿。观众哄堂大笑。

卓别林急中生智的滑稽动作，表演效果真不错。

❓ 想一想

生活中也是充满各种气味的，有好闻的气味，也有不好闻的气味。

我们天天在与气味打交道。如，食物香喷喷的气味，牙膏芳香的气味，各种鲜花盛开时的美妙气味，马路上汽车尾气的气味……

可是，有些同学写作文时，把各种气味都忘掉了，把鼻子的作用丢掉了。这是为什么呢？

🪐 画一画

下面是作家陶永灿写的一篇文章，请你在阅读中用红色笔画出描写气味的句子。

有苹果香味的袋子

我小时候，父亲在外地工作，平时很少回家，他每次回来，从帆布袋里面摸出一个苹果，用菜刀嚓嚓两下，切成四份。我们三人风一样抓起苹果跑出门。我们蹲在屋后的篱笆下，细细地品味。我们身边总有伙伴们羡慕的眼神。

回到家里，母亲那一瓣苹果还在桌子上，静静地飘散着诱人的香味。它就像一枚磁铁，牢牢地牵住了我们的目光。

母亲看透了我们小小的心事，说，拿去吧，莫影响我做事！我们拿起本属于母亲的那瓣苹果，逃也似的冲出自家的门。

父亲的苹果给了我们最大的幸福。

有一次，我砍柴回来晚了，我的那瓣苹果被妹妹吃掉了。这怎么要得！我大发雷霆，躺在地上痛哭，坚决不肯起来。

母亲说，起来吧，下次给你补上。我说不行，她必须赔我的！我爬起来，发疯似的到处寻找妹妹，可她不知躲到哪里去了。

天黑以后，父亲背着妹妹回来了。原来妹妹病了，到医院打针。

睡觉的时候，妹妹把父亲的帆布袋塞到我的枕头边，说，哥，我吃了你的苹果，你就闻闻袋子吧，爸爸的袋子有好香好

11

香的苹果味。

我闻了一下，袋子里真的有一股浓浓的苹果香味！

如果把你画了红线的句子删掉，文章的表达将会受到什么样的影响？

✏️ 改一改

请你给下面的段落加进表示气味的词或句子。

1. 我走进厨房，只见餐桌上摆着一盘糖醋排骨，黄亮黄亮的。我的口水都流出来了。

2. 我走进盛开的油菜花田里，就像游入了一片金黄的海洋。我的耳朵边响起嗡嗡的声音，原来是惊起了几只采蜜的蜜蜂。

3. 妈妈把熬好的中药端到我的面前，看着那一碗黑黄色的药汤，我头都晕了，皱起了眉头。

4. 妈妈把被子放在阳光里晒过，我睡进被窝里，全身都暖暖的。

🔻 做一做

1. 你进过中药铺吗？请配药师介绍一种或两种常见的中草药。闻一闻它们的气味，观察它们的特点。向配药师打听这些中草药有什么样的药用价值，生长在什么地方。请你买一点晒干的中草药，去大自然中寻找这种野生的中草药。观察它们生长在什么样的环境里，叶、花、茎、根有什么特点。

2. 请在以后的作文训练中，注重使用自己的鼻子，适当加入一些气味描写，增添文章的生动性和可感性。

写一写

请你根据自己的生活经历和体验，写一篇充满气味的短文。题目自拟。

④ 变一变

做一做

尝试和妈妈一起煮"彩色米饭"，具体做法是——

把胡萝卜切成颗粒，二三十粒就可以了；

找绿豆、玉米各 20 颗左右。

将它们一起放进大米里煮。

以前家里的米饭全是白米饭，你都习惯了。"彩色米饭"煮熟了，请你看一看，尝一尝，它与白米饭有哪些不一样？

悟一悟

你一定观察到了，周围的世界在发生变化——

马路被拓宽了，新房子建起来了，新玩具上市了……因为有许多人不断地产生新的想法，并且用行动实现那些想法，从而让世界处在变化之中。

尝试对自己的生活进行一些小小的改变，你会体会到创造的乐趣。

我们要学会观察，运用思考，去改变事物。

面对一个你想改变的事物，可以在脑海里这样想——

如果它的颜色变得不一样，会不会更好？

它有什么缺点？如果想办法改掉它的缺点，它会变得更好吧。

给它增加一种用途，会怎样呢？

......

设想可以异想天开，创意应当大胆构思。

那些事物在你的脑子里被"改进"后，你可以画出来。画一画，有助于你进一步思考，加以修改。

一个想法形成了，你就可以行动啦。

记住，只有去行动，才能真正改变事物。

试一试

请观察教室，想一想能够做出哪些改进，让它变得更美？

每个同学用心想出一点怎样去改进的设想，要求创意新鲜，做起来比较简单。

大家讲一讲自己的想法，比一比谁的想法最棒。

选出最棒的三个想法，然后对教室加以改进，让它变得更美。

? 想一想

你也可以尝试让自己有一点点改变。

比如——

○以前总是爸爸送我上学，现在，我要改变。上学、放学，我自己走。我会注意安全,保证让爸爸妈妈放心。

○我的字写得不太好,我下决心要改变。我选择一本很棒的字帖,挑选三个字,每天将它们练习十遍,坚持一个星期。这三个字练好了,写出来真好看。这真是一个新起点,让我变得自信。以后,我继续坚持练字,要写得又好又快。

○我的房间总是乱乱的,我下决心要改变。每天晚餐后,我用十分钟整理房间。每天坚持做,养成好习惯。

○我房间的家具一直那么摆着,现在,我要改变。先画出草图,征求爸爸妈妈的意见,然后再重新摆放。

○我看电视的时间太多了,我要改变。我从书本上找一个有趣的童话,把它改编成剧本,邀请爸爸妈妈一起排练,一家人演出这个童话剧。

○我的书包总是乱乱的,我下决心要改变。每次从书包里取了东西或放东西,我都要稍微整理一下。放学时和做好家庭作业时,认真整理书包。

○你还可以写出自己的改变设想:

你有了好的想法,一定要落实到行动上去。
跟着好的想法,让自己不断地变一变,你会变得更加优秀!

写一写

确定一个"变一变"的想法，并落实到行动中。记录自己"变一变"的过程，写出细节和感受，写成一个生动的故事。

⑤ 学用比喻句

🌀 读一读

请阅读邓湘子写的小诗——

月亮

月亮升起来了
白白的圆圆的
像我丢失的那块橡皮泥

一朵乌云飘过来
像一团又脏又大的墨迹
月亮把自己当作橡皮泥
轻轻地擦着
擦了一夜又一夜
擦得只有小半边

天空变得干干净净
写满星星的文字

🔲 找一找

从《月亮》这首诗里，我们读出好几个比喻：

1. 把"月亮"比喻为

2. 把"乌云"比喻为

3. 把"天空"比喻为

4. 把"星星"比喻为

▶ **学一学**

会用比喻，句子就更生动、更形象、更有趣了。

我们从学过的课文里找出自己喜欢的比喻句，好好体会一下。

1. _____

2. _____

3. _____

4. _____

5. _____

看一看

许多著名人物喜欢用比喻句来表达思想。请读下列名言，理解其中比喻的作用。

人生应该如蜡烛一样，从顶燃到底，一直都是光明的。

——萧楚女

要摘取果子的人必须爬上树。
　　　　　　　　　　　　　　——富勒

社会犹如一条船，每个人都要有掌舵的准备。
　　　　　　　　　　　　　　——易卜生

我不如起个磨刀石的作用，能使钢刀锋利，虽然它自己切不动什么。
　　　　　　　　　　　　　　——贺拉斯

临渊羡鱼不如退而结网。
　　　　　　　　　　　　　　——班固

经常用的钥匙，总是亮闪闪的。
　　　　　　　　　　　　　　——富兰克林

一本书像一艘船，带领我们从狭隘的地方，驶向生活的无限广阔的海洋。
　　　　　　　　　　　　　　——海伦·凯勒

画一画

下面这篇文章里，用了一些比喻句，请你用红色笔画出来。

　　妈妈带我去农村看风景。远远地，我看到车窗外呈现出一片金黄色的海洋。

　　妈妈说，那是油菜花开了。阳光里，一阵风从油菜花海里吹来，带来甜甜的清香。

　　走进油菜花田，盛开的油菜花比我高多了。我就像走在一片繁花盛开的森林里。

　　听到嗡嗡的声音，我看见蜜蜂们在花间忙碌着，采集香甜的花蜜。蜜蜂用腿上毛茸茸的刷子把花粉收集起来，又用嘴去吸花朵中的花蜜。

　　可爱而勤劳的小蜜蜂，真是春天里的小精灵。

记一记

我们在生活中，经常听到人们在口头用比喻句说话。

我找到了几个听来的比喻句：

1. _____

2. _____

3. _____

写一写

把下列句子补充完整，让它成为比喻句。

1. 太阳升起来了，红彤彤的脸盘像_____。

2. 我走到一棵桂树下乘凉，桂树张开枝叶，像_____。

3. 一个人不努力就想获得好成绩，就像_____。

瞧，我还可以写几个比喻句：

4. _____

5. _____

6. _____

⑥ 我的魔法卡片

🪐 画一画

　　我要做个"小画家"，画出美丽的画。我的图画卡片是有魔法的，能够玩出不同的故事。

　　自己动手，剪几张硬纸片。用彩色的笔画出下面的图画（也可以根据自己的想法画出内容不同的其他几张图画）。

　　1. 雄壮的公鸡（用红色笔画）

　　2. 高大的绿树（用绿色笔画）

　　3. 半个月亮（用黄色笔画）

　　4. 大眼睛青蛙（用蓝色笔画）

　　5. 山边的池塘（用紫色笔画）

　　6. 美丽的星星（用橙色笔画）

🌀 玩一玩

　　第一步，我手里抓住这几张画片，闭上眼睛将画片的顺序打乱。

　　睁开眼睛，我看到画片的顺序是这样的（把序号写在下面）：

我根据画片的顺序，想象出一个美丽的故事（写在下面）：

第二步，我手里抓住这几张画片，闭上眼睛将画片的顺序重新打乱。

睁开眼睛，我看到画片的顺序是这样的（把序号写在下面）：

我根据画片新的顺序，想象出了一个全新的美丽故事（写在下面）：

⑦ 想一想

1. 就是这几张图片，为什么能编出不一样的故事呢？

2. 这个有趣的游戏背后，真正的魔法是什么？

🔳 试一试

请与班上的一个同学互换作文本，阅读对方写的故事，用彩色笔把作文里表示各种感觉的句子画出来。如果颜色比较单一，你就给他提出修改意见。

把你的肯定和修改意见写下来：

⏸ 讲一讲

请你把作文本带回家，将自己编得最棒的一个故事讲给爸爸妈妈听。

✏ 写一写

把你编的故事，写出来。注意故事的逻辑性，把故事写得通顺。

7 学会使用动词

改一改

一个小朋友写了下面这段文字，请你读一读——

我的桌子上有一个陶瓷小猪。它有两只笑眯眯的眼睛，还有两个像蒲扇一样的耳朵，两边脸上各有红红的一团，像两只寿桃。它还有一张笑哈哈的大嘴。陶瓷小猪的旁边有一个相框，照片上的小姑娘有两条调皮的小辫子，还有两个甜甜的小酒窝，那就是我。哈，我是属猪的，陶瓷小猪和我都笑哈哈的。

这段话，"有"字太多了。请你找一些动词来替代"有"字。

我的桌子上（　　）一个陶瓷小猪。它（　　）两只笑眯眯的眼睛，还（　　）两个像蒲扇一样的耳朵，两边脸上（　　）红红的一团，像两只寿桃。它还（　　）一张笑哈哈的大嘴。陶瓷小猪的旁边（　　）一个相框，照片上的小姑娘（　　）两条调皮的小辫子，还（　　）两个甜甜的小酒窝，那就是我。哈，我是属猪的，陶瓷小猪和我都笑哈哈的。

问一问

将原文与你修改后的段落进行对比，你有什么感受？把你的感受写在下面：

原文过多地使用"有"：＿＿＿＿＿＿＿＿＿＿＿＿＿＿＿＿

＿＿＿＿＿＿＿＿＿＿＿＿＿＿＿＿＿＿＿＿＿＿＿＿＿＿＿＿

修改后使用不同的动词：＿＿＿＿＿＿＿＿＿＿＿＿＿＿＿＿＿＿

＿＿＿＿＿＿＿＿＿＿＿＿＿＿＿＿＿＿＿＿＿＿＿＿＿＿＿＿＿＿＿＿

🪐 画一画

下面是邓湘子创作的长篇少年小说《像风一样奔跑》中的一段文字，请你用红色笔将其中的动词画出来，想一想这些动词的作用。

拐过一个山湾，隔着一片层层叠叠的梯田，菊朵远远地听到风中飘来学校里敲打铁犁头的声音，接着就看见一些人影拥出校门，是学生们放学了。

一群男生从梯田中间的土路跑下来。菊朵忽然感到眼前一亮——那些奔跑的男孩，每个人手里都拿着一个纸风车，迎着风一路狂奔。他们在绿色的田野上欢笑着，追逐着，奔跑着，就像一群快乐的精灵。

菊朵不由得站住，看着他们跑过来。

男孩们一会儿就从梯田上跑下来了。他们手里都举着一个纸风车，让它迎着风欢快地旋转。

上文中,动词使故事情节和整个画面充满了动态感,还写出了具体的细节,传达出欢快的气氛。

▶ **学一学**

了解动词在句子中的作用,从后面的例句中找到一个或两个相应的例句,将字母写在括号内。

1. 场面描写中使用恰当的动词,能够使画面具有动态感,还能写出具体的细节。如例句(　　)

2. 描写景物时使用恰当的动词,能够具体写出动态的景物,也能把静态的景物写得具有动态感,还能写出具体的细节。如例句(　　)

3. 描写人物使用恰当的动词,能够具体写出人物的动作和表情,刻画出生动具体的细节,把人物的性格和形象写出来。如例句(　　)

4. 描写静物时使用动词,能够让静态的东西变得有动态感,使语言更加生动形象。如例句(　　)

5. 描写动态的事物时,使用恰当的动词,能够写出具体的细节,达到形象生动的表达效果。如例句(　　)

例句:

　　A. 她一点也不害怕,一蹦一蹦地跑上晃悠悠的吊桥,还故意在桥中间晃了晃,然后大步跑了过去。

　　B. 走进教室,相信你一定会感到眼前一亮。有的同学在练习写字,一笔一画,那么认真;有的同学在默读书籍,精神专注,沉迷其中;有的同学戴着耳机听英语,仿佛完全忘记了身边的世界。

　　C. 一捆一捆稻草被太阳晒得金黄,散发着香味,人们把它们堆成又圆又高的金色草垛。

D. 江水的波纹里闪动着阳光的金鳞，有点儿刺眼。江水还保留着从大山深处带来的丝丝清凉，让人感到舒爽。

E. 他抓起一块薄石片，用力地贴着水面削出去。那石片仿佛长了翅膀，就像一只水鸟一样，在水面上一跳一跳地飞远去，最后在水面上停顿了一下，消失不见了。

F. 桂花树筝起圆圆的树冠，像撑着一把绿伞，让阳光照出圆圆的影子。

G. 她的房子简直是个童话世界，天花板上画成蓝天的颜色，缀着笑眯眯的星星。一面墙壁画着波涛无涯的海洋，托着远航的帆船；还有一面墙上贴着巨幅的世界地图和中国地图。

记一记

通过这堂课，你对动词在描写中的作用有了新的理解吧。请你尝试在记叙文写作中多用动词，并且要准确地使用动词。

写一写

以《操场上》为题，描写一个场面，要求运用恰当的动词，写出生动具体的场面。

8 写出劳动的体验

读一读

美国有一本畅销书《效率专家爸爸》，曾被以《儿女一箩筐》之名改编成电影。这本书记录了作者的成长经历。他们家有 14 口人：爸爸、妈妈，还有 12 个孩子。爸爸是效率专家，教育孩子的方式很特别。

下面是从书中节选的一个故事——

莉儿八岁那年，为争取油漆后院里的一条又长又高的栅栏，她投标要价四十七美分，这是他们几个孩子中要价最低的，因而她得到了这个任务。

"让她一个人去漆栅栏，她实在是太小了，"妈妈对爸爸说，"别让她干。"

爸爸说："她能学到钱的价值，而且懂得说话一定要算数，让她去吧。"

莉儿想买一双旱冰鞋，刚好差这么个数。她想得到这笔钱，坚持说她能完成。

"如果你开了头，就要干到底。"爸爸说。

"我一定完成，爸爸，我能完成。"

"那么你这等于签了合同。"

莉儿忙了十天，每天放学回来都干，还加上整整一个星期天。她手上起了泡，有几天夜里她累得睡不着。爸爸担心了，也睡不着。但是他要莉儿按合同干下去。

"你让她别再干了。"妈妈对爸爸说，"她会摔下来的，或者出别的事儿——接下去你也会出事儿的。"

"不行，她正在学到赚钱不容易的道理，还学到如果开了头就必须完成的道理。她得完成，这是合同规定的。"

莉儿最后完成了这个任务，她含着眼泪到爸爸这儿来。

"漆好了。"她说，"我希望你满意，现在我可以拿到钱了吗？"

爸爸数出了零钱。他说："别哭，宝贝儿。你怎么怪罪你的老爸都没关系，他是为了你好。如果你回去看看枕头下面，你会感到高兴的。"

莉儿跑进自己的房间，看到枕头的下面，是一双旱冰鞋。

❓ 问一问

1. 爸爸坚持让莉儿一定要完成工作，难道他不爱莉儿吗？为什么？

2. 莉儿终于完成了漆栅栏的任务，她向爸爸报告时为什么会"含着眼泪"？

续一续

莉儿终于完成了任务，意外地得到了想要的旱冰鞋，会是什么心情？请你体会她的心情，代替她写一篇小日记。

填一填

你参加过哪些劳动？请你选取印象深刻的三次劳动经历，填写下表。

劳动项目	劳动过程	劳动中的细节和体验

写一写

请选择体验最深刻的一次劳动经历，写一篇记叙文。题目自拟。

（空白作文格）

做一做

请你在生活中落实"自己的事情自己做"的观念，勤于动手，培养做事能力。

⑨ 感觉突然变新鲜了

🔗 读一读

暨假里，丁丁去山村的表舅家，她和表妹米米玩得很开心。她给妈妈写了一封信——

> 表舅家的窗户外面是绿油油的田野，水稻正在抽穗，风吹来稻花的清香和虫子的叫声，还有青蛙的叫声。米米每天下午带我去看牛，还扯一篓子猪草。我认识了猪和牛喜欢吃的许多植物。
>
> 菜园里，各种各样的花开了，很多蜜蜂来采蜜，还有蝴蝶飞来飞去。
>
> 菜园靠近一条小溪，水哗哗地流淌，浪花是白色的。溪水很清，有时游着很小的鱼，想看仔细一点，它们一下子就不见了。
>
> 米米知道那些小鱼躲在岸边的水草里，就提着一个竹篾织的笆箕，铲在水草边的水里，用脚把它们从草丛里吓出来，巧妙地把它们赶到笆箕里，抓住啦，真快乐。

丁丁回城里时，邀请米米表妹到自己家里去做客。米米对城里的一切很感兴趣，坚持每天写日记。下面是米米写的一篇日记——

> 城里的花是需要浇水的，一辆大车开过来，水管里喷出雨雾一样的水，沙沙沙地下一阵人工雨，那些花变得湿淋淋的，开得更漂亮了。

城里的树是围着漂亮的栅栏的，一棵一棵站成一条线，在路边站成整齐的队伍。那些树干的下部，差不多有两米高的距离，都涂成了白色。也许是像我们村里的果树一样，是防虫子的吧。

城里的路是画着线的，中间供车子走，行人走边上，不能随便走。十字路口亮着红绿灯，就像猫头鹰的眼睛——睁一只闭一只。

? 想一想

丁丁的妈妈看到了米米写的日记，找出丁丁写的信，让她们互相看。她们感到很惊讶，都说对方写得好。

丁丁的妈妈说："自己最熟悉的生活，反不如别人写得好。这是为什么呀？"

你能回答丁丁的妈妈提出的问题吗？

看一看

李学宁同学有许多应付作文的"绝招"。比如写《难忘的一件事》，他写掉了一个钱包，被一位不认识的叔叔捡到了还给他，很难忘。写《我被他感动了》，他又写掉了一个钱包，被一位不认识的爷爷捡到了还给他，自己深受感动。

妈妈看了，感到奇怪。"十一"期间，一家人准备去海边度假。妈妈要加班不能去，对李学宁说："你也不用去了吧，不然你又掉钱包了。"

"我哪里掉过钱包，因为写作文的需要，临时编出来的。"李学宁说。

妈妈说："那你得答应我，每天给我打一个电话，让我知道你玩得好不好。"

李学宁答应了，每天给妈妈打电话。哎呀，妈妈问得可仔细了。

旅途结束，李学宁回到家，妈妈给他一个本子："你看看，我替你写了日记。"

李学宁认真看起来。看完了，他说："妈妈，日记里的每一句话确实都是我在电话里说的，被你这么记录下来，感觉蛮新鲜的……"

"你观察身边的生活，也应该像旅途上观察事物一样，要看出新鲜和有趣的感觉。"

"哦，我明白了……"李学宁若有所思地说。

🔲 议一议

大枫树小学四(3)班讨论：身边的生活也能写得新鲜生动吗?

祁好好说："我假设一只蜻蜓飞到我家里来，它看到每一个地方都是新鲜的。"

尚可欣说："我把自己的房间粉刷一新，让生活充满新的变化。"

姜突突说："我只要躺在地板上，看到家里的所有东西都有新鲜感了。"

于草儿说："我爬到33层高的江景大厦顶层，俯看自己的家，感觉肯定不一样。"

你同意他们的意见吗? 请你说说自己的理解和想法。

✏️ 写一写

　　尝试开展"借一双'陌生的眼睛'来观察自己的家"的趣味活动。具体做法是：与同学互相走访各自的家，把自己在对方家里感到特别新鲜有趣的印象讲出来。

　　结合同学的讲述，写一篇关于自己家的作文，要求写得新鲜生动。

⌐ 试一试

　　激发创意，敏于行动，不断获得新鲜的体验。

⑩ 五彩缤纷的心情

📖 读一读

阅读下面这篇作文，小作者把自己的心情表达得非常充分——

睡不着了

明天就要去秋游了，全班同学坐火车去韶山。

我躺在床上，翻来覆去睡不着。

明天 5 点 45 分就要集合，还是快睡吧！我心想着，闭上眼睛，可又怎能使起伏的心平静呢？

该带的东西都带齐了吧，带了面包、水果、饮料……明天又怎么玩呢？要参观，要给爸爸、妈妈和小伙伴们买些什么纪念品，自由活动就玩些游戏。坐火车时我要和同学一起唱歌、打扑克……

"攀儿——"

"妈妈。"

"你怎么还没睡着？"

"我太激动了，睡不着！"

"还是快睡吧！明天，明天还要早起呢！快睡吧！"

"噢，妈妈，你明天 5 点要喊我呀，一定要喊我，否则我就去不成了！"

"知道了！"

我轻轻闭上眼睛。可一想起明天要秋游，我又怎么能睡得着呢?

（四年级　邓攀）

这篇作文表达了一种什么样的心情?

作者是如何表达出自己的心情的?

🪐 画一画

阅读马克·吐温《汤姆·索亚历险记》"粉刷栅栏"的情节,请你用不同颜色的笔,划出描写汤姆不同心情的句子。

星期六,阳光明媚,空气清新。汤姆出现在人行道上,一只手拎着一桶灰浆,另一只手拿着一把长柄刷子。他环顾栅栏,所有的快乐,立刻烟消云散,心中充满了惆怅。

因为逃学等一系列麻烦,波莉姨妈罚他粉刷栅栏。

再过一会儿,那些自由自在的孩子就会蹦跳着跑过来,做各种各样开心好玩的游戏。他们看到他不得不刷墙干活,会大肆嘲笑挖苦他的——一想到这,汤姆心里就像火烧似的难受。

正在这灰心绝望的时刻,他忽然灵机一动,计上心来。他的主意实在是妙不可言。

他拿起刷子,一声不响地干了起来。

第一个过来的是本·罗杰斯。他拿着一个苹果,嘲笑汤姆。

"哪个男孩子能天天有机会刷墙?"汤姆说。

他故意没理他,挑剔地打量自己的工作。

这倒是件新鲜事。于是,本停止了啃苹果。

"我来刷一会儿,好吗?"本说。

"不行,我可不能把机会让给你。"汤姆说。

"我用苹果跟你换，怎么样？"本晃动着手里的大苹果。

很快，本挥舞着刷子，在阳光下累得大汗淋漓。而汤姆呢，他坐在树阴里，高兴地大口大口啃着苹果，心里暗暗盘算如何再宰更多的傻瓜。

汤姆早上还是个贫困潦倒的穷小子，下午快过了一半的时候，变成了腰包鼓鼓的阔佬了——十二颗小石子，一只破口琴，一门线轴做的大炮，一个锡皮做的小兵……

墙整整被刷了三遍。要不是灰浆用光了，村里的每个孩子都会掏空腰包宣布破产。

? 想一想

汤姆从"心中充满了惆怅"到"高兴地大口大口啃着苹果"，心情发生了极大的变化。作者是如何描写他的心情的？

填一填

请你根据自己的生活体验，填写下表。尝试给每一种不同的心情，涂上不同的颜色。乐观的心情用温暖的颜色表示，消极的心情用灰暗的颜色表示。

心情体验	简述一种生活情境	涂颜色
激动		
惊喜		
失落		
悲伤		

痛苦		
悔恨		

做一做

故事中的男孩汤姆，善于调节心情。我们遇到心情不好的时候，要学会自我调节，保持积极自信的心情。

写一写

请你从下面的题目中选择一个进行写作。

1. 从自己的生活经历中选择一件事情，写一篇记叙文。要求写出自己的心情及其变化。题目自拟。

2. 用心观察下图，以《想读书》为题写一篇作文，要写出孩子们的心情。

⑪ 观察的目的是有所发现

读一读

材料一：流浪儿学艺

　　黄永玉是在抗日战争时期的流浪生活中成长起来的。这个十几岁的流浪儿，对报纸上的漫画特别感兴趣，特地把它们剪下来，贴在本子上，作为学习画素描的教材。

　　他回忆说"编绘了两册漫画人物头像，将近两三千个人物吧我细细地剪贴起来，细心捉摸其中的一点神情、精髓，随之五官的活动而引起的人物性格变化。"他从模仿过渡到写生，他"研究牛、羊、狗身上的毛的旋律，鸭子身上不同的羽毛的组合关系"，他观察水流的不同波浪，观察云在不同时间的形状和色彩，观察风中的炊烟，观察燃烧的火焰……他说："所有这一切看得见的细节，不仅是搜集素材，还是为了'背诵'，为了'储存'。"

　　后来，这个剪贴报纸漫画的流浪儿，成为著名的画家。

材料二：厨房小子的理想

　　白川英树生于1936年，是在日本山区长大的。小时候，白川英树在自家的厨房里做家务活，如做饭和烧洗澡水。他回忆说："烧饭需注意火候，烧火不是件容易的事。但烧洗澡水很省事，点着火就不用管了。于是我有时间来玩，做各种各样的恶作剧，其乐无穷。"他把浸透盐水的报纸放入火中，马上燃起黄色的火焰。他把火柴梗插入空的安瓿瓶，再把安瓿后放入柴火中，不久后安瓿瓶喷出橙色的火焰。这些奇异的现象，使他对化学很着迷，从化学书中寻找答案。

　　他上小学时，喜欢到山里去散步，看风景。他从书上看到，冬天的树皮下、积雪下、土层里，也有昆虫在活动。雪天，他穿着靴子，踏雪爬山，去寻找昆虫，制作标本。他对各种植物也很感兴趣，曾想改良植物品种，让它开出更美丽的花朵。上中学后，他迷上动手制作收音机和发报机。他还曾对塑料进行过仔细观察，找出塑料制品的优点和缺点。他在作文《将来的希望》中写道："如果能去掉塑料的这些缺点，并能生产出各种各样价格低廉的日常用品，消费者将会多么高兴。这是我未来的理想。"

　　他当大学助教时，一次实验失败后，他提出了一个大胆的问题：绝缘的塑料能做成导体吗？这个问题成为一个新的研究课题，他和他的研究伙伴经过十多年努力，开发出导电性高分子材料，为薄型轻质手机电池和显示屏的发展开辟了广阔前景。未来高分子聚合体电池可应用于电动汽车，有可能开发出高分子IC芯片。2000年，白川英树教授因此而获得诺贝尔化学奖。

白川英树说："仔细地观察事物的本身，不仅是学习化学的基础，而且是学习所有科学的基础。在山上追逐昆虫时，坐在灶前看柴火燃烧时，我不知不觉地打下了这一基础。"

🪐 画一画

无论是画家、作家，还是科学家，拥有良好观察能力都是极其重要的。请你用绿色笔，将上文中黄永玉和白川英树说的话画出来。

重新阅读并认真思考这些话，从中得到自己的感悟和启发。

❓ 想一想

"看"与"观察"有什么不一样？

你怎样理解"观察的目的是有所发现"这句话？结合黄永玉的画《猫头鹰》和白川英树的故事，加深对这句话的理解。

▶ 说一说

观察与学习功课有什么关系？

你在生活中观察到哪些奇异的现象？

你在生活中观察到奇异的现象，会深入探索其中的原因吗？是怎样探索的？

💡 记一记

通过这次作文活动，你得到哪些启示和收获？

写一写

　　请你选择自己观察到的最难忘的一个奇异现象，找到现象背后的原因。把这个发现问题、寻找答案、解决疑问的过程写成一篇作文。题目自拟。

⑫ 蒙着眼睛的感觉

🔲 找一找

1. 与眼睛有关的成语有：眼观六路、拭目以待、眼花缭乱、目不暇接、眼见为实……你知道的与眼睛有关的成语还有：

_____

2. 与眼睛有关的诗歌，如：

顾城：黑夜给了我黑色的眼睛，我却用它寻找光明。

刘禹锡：遥望洞庭山水翠，白银盘里一青螺。

你知道的与眼睛有关的诗句还有：

_____

❓ 想一想

请闭上眼睛，冥想两分钟："假如我的眼睛看不见，会怎么样呢？"

🔻 做一做

在教室里开展一个蒙眼游戏。步骤是：选一个同学作为活动主持人；选拔 5 个自愿蒙上眼睛的同学，用黑色眼罩或黑衣服蒙上眼睛；再选拔 5 个自愿充当"拐杖"的同学，每人照顾一个眼睛被蒙上的同学。

活动主持人指挥其他的同学，将这 10 个同学的凳子搬出来，在过道上搭起"小山""独木桥"，要摆得结实可靠，以防止发生伤害事故。

由活动主持人领头，队伍从讲台一侧出发，自愿充当"拐杖"的同学，分别牵着自己的帮助对象，走这条充满障碍的路。

队伍不要走得太快，要让蒙眼的同学探索着往前走。充当"拐杖"的同学不能说话，只能用手暗示路上的状况，给予动作的提示和无声的帮助。

队伍最后回到讲台上，10 个同学站成一条线。

整个过程，要求教室保持安静，每个同学都要用心体会。

▶ 说一说

主持人分别采访戴眼罩的同学和充当"拐杖"的同学。

请一位同学摘下眼罩，问他的感受和体验。问完了，再请一位同学摘下眼罩，谈自己的感受和体验。直至问到第五位同学。主持人对每个同学可问两个问题，对不同的采访对象，要问不同的问题。比如：你蒙上眼睛以后，凭借什么走路？在看不见的情况下，你对自己手脚的感觉和依赖是不是加强了，感觉是什么样的，与以往有什么不同？回想一下，你能够一路走过来，主要靠的是什么？如果没有人扶持你，你走在路上的情况会怎么样？你最强烈的感受是什么？等等。

然后逐一采访充当"拐杖"的同学。比如：由于不能说话，你是怎样把自己想告诉他的话传达出来的？是不是感到自己只是在付出，有什么收获吗？你在路上从对方的手上得到什么样的感觉？你最强烈的感受是什么？等等。

💡 记一记

其他坐在座位上的同学，用心听主持人的采访时，留意记下自己印象深刻的话，并记录下来。采访完成后，大家将凳子放回原来的位置。眼睛被蒙过的同学和充当"拐杖"的同学回到自己座位后，把自己在活动中的体验记录下来。

议一议

请坐在座位上的同学发表观感。要求讲一个难忘的细节，然后谈感想。

做一做

课外看电影《天堂的颜色》，留意影片里的盲童穆罕默德是如何感受世界的，请你选取一个精彩的片断进行描写。

写一写

下面有三个题目，请你选择其中一个题目写作文。

1. 一次特殊的经历（记叙蒙眼游戏的过程与体验）；2. 假如我是盲人……（换位表达感觉和希望）；3. 亲爱的眼睛（描述对眼睛的新感觉）

⑬ 认识和感受泥土

做一做

找一个周末，请爸爸妈妈带自己去郊区"认识和感受泥土"，并开展以下活动，活动过程中要注意自我保护：

1. 观察哪些植物在水田里生长，哪些植物在菜地里生长，哪些植物在野地里生长。

2. 赤脚在水田里走一走，在泥土路上走一走，记住不同的感受。

3. 挖开泥土，观察泥土里有哪些小动物。

4. 用手捧起菜地的松土，捧起水田里的稀泥，记住不同的感受。

5. 尝试用泥土捏一个玩具。

6. 观察农村的住房与泥土有什么关系。

7. 你还可以开展自己想出来的活动：

说一说

课堂里，请你说一说自己做过的感受最深的一项活动。

先写后说吧，让自己说得更有条理、内容更充实。把你最深的感受写下来：

_____

_____

_____

读一读

下面几则故事，都与泥土、大地有关。请用心阅读。

1. 小学最难忘的郊游

袁隆平六岁时，在汉口上一年级。有一次，班上组织郊游，老师带同学们参观一个园艺场。

园艺场真是美丽极了。桃树上结的桃子又大又红，葡萄一串一串的，各种花也开得特别好看。老师说，这里的桃树、花和葡萄，都是经过园艺师培育的，才会长得这么好。

袁隆平从此对生机勃勃的植物产生了浓厚的兴趣。后来，他报考大学时，就填报了农学院。

2. 小学最难忘的奖励

比尔·盖茨上小学时，参加童子军远足活动，伙伴们一起在野外过夜，住自己搭的帐篷。

夜里，暴风雨来了，别的同学躲到大帐篷里。小盖茨守着散了架的小帐篷，经风历雨，培养自己的勇气。

远足活动结束，老师给衣服最脏的同学颁发"脏孩子奖"。衣服又湿又脏的小盖茨得到了这个奖，感到很高兴。

3. 小学最难忘的气息

休·贝勒特(1881—1960),出生在美国的一个乡村。他上小学时,就参加家里的生产劳动,给地里种的玉米和棉花除草,熟悉土地在晴天和雨天散发的不同气息。他认识很多种动物和植物,觉得各种生命都离不开土地。

他观察到,不同的土地长出的庄稼有好有坏。下大雨时,会造成一些地方水土流失。

后来,他研究土壤,提倡保护土壤,成为闻名的土壤学专家,赢得"土壤保护之父"的称号。

? 想一想

你觉得故事里的三个著名人物,他们从各自的经历里得到了什么宝贵的东西?

袁隆平:

比尔·盖茨:

休·贝勒特:

写一写

通过以上活动,你对泥土有了自己的认识和感受。请以"我对泥土说"为题,说一段自己想说的话,并且写下来。

⊕⑭ 做一做 讲一讲

❀ 读一读

请你阅读下面的故事——

短小而别致的演讲

1903 年 12 月 17 日，莱特兄弟成功地进行了第一次动力飞行，拉开了人类动力航空史的序幕。

他们的成功，为人类迎来崭新的航空时代。

莱特兄弟喜欢思索，勤于钻研，不善于交际。有一次在某个宴会上，主持人邀请大莱特发表演说。

"这一定是弄错了吧？"大莱特为难地说，"那就让我弟弟说两句吧。"

小莱特也感到挺为难。

主持人热情地再三邀请，小莱特只好站起来，说："据我所知，鸟类中会说话的只有鹦鹉，而鹦鹉是飞不高的。"

这只有一句话的演讲，博得了人们长时间的热烈鼓掌。

小莱特的演讲只有一句话。为什么大家都觉得非常精彩呢?

请你联系莱特兄弟的性格特点,理解他们事业的成功与这句简短的演讲词之间的密切联系。

假设小莱特演讲的这句话,由别人来讲,效果有没有由小莱特讲好?为什么? 你有什么感想?

学一学

放国庆假了,上三年级的晓渔小朋友要完成一篇"假日见闻"的演讲稿。他问邓湘子说:"叔叔,我该讲什么呢? "

邓湘子说:"你不是要回家乡吗,去田里数一支稻穗的谷粒吧。"

"我写演讲稿,为什么要数谷粒啊? "晓渔疑惑地说。

"你把自己做过的事情写出来,就是演讲稿了嘛。"邓叔叔说,"你讲自己数谷粒,保证是全班最独特的,信不信? "

晓渔小朋友将信将疑。

邓湘子说:"你把一支稻穗上的谷粒数出来,再称一称它有多重,再计算一下,一亩田要达到一千公斤的产量,需要长出多少支这样的稻穗? 这是你们班上的同学都不知道的,你把自己做的这些写成演讲稿,肯定不一般。"

晓渔小朋友高兴起来了。

记一记

"发现作文"创意人邓湘子认为,小朋友的演讲不宜讲大道理,应该通过"做一做,讲一讲"来开展演讲活动。

动手做一做,就有了演讲的内容啦。

做得有创意，讲的内容就比别人的内容更新鲜有趣。

小莱特演讲的那句话，有着鲜明的观点。

你的演讲，不仅要讲"做一做"的内容，也应当提炼出自己的观点和看法。

讲述做的事实，提炼出自己的观点，你的演讲肯定能受到好评。

◤ 试一试

构思一个有创意的行动方案，自己去做一做。

如果觉得自己的方案缺乏新鲜的创意，就和同学一起商量，几个人一起做一件特别有意思的事情。

✎ 写一写

根据自己"做一做"的经历和收获，写出一篇小演讲稿。

（此处为空白方格作文纸，未填写文字）

讲一讲

在班上开展演讲活动，请每个同学走上讲台演讲。

⑮ 行动起来有力量

读一读

请你阅读下面三个美好的故事——

瑞恩的井

这是选入人民教育出版社小学《语文》五年级下册的《梦想的力量》里讲述的故事：6 岁男孩瑞恩为了帮助非洲小朋友喝上干净的水，通过做家务、卖报纸、在报上发表文章，坚持三年募集资金，捐给非洲的贫困乡村小学，打了 30 口水井。

兑现一个承诺

美国登山队员葛瑞格·摩顿森，1993 年去巴基斯坦攀登乔格里峰，途中与队友失去联系。乔戈里峰海拔 8611 米，是世界上第二高峰。他在绝境中得到当地人救助。

偏僻的科尔飞村生活艰苦，居民用珍贵的糖煮了甜茶，让他恢复力气。摩顿森看到，那里没有学校，孩子们跪在户外霜冻的场地上课，用小木棍在泥地上抄写。他向村民承诺，他一定会回来建一座学校。

可是摩顿森没有钱。他回到美国后，到小学里去演讲，放映幻灯片。听演讲的孩子们发起"捐一分钱给巴基斯坦"的活动，募捐了 62345 枚硬币。这是他得到的第一笔捐款。他寄出 580 封求助信，只有一个人回了信，捐了 100 美元。后来一位喜欢登山的科学家捐了 12000 美元。摩顿森卖掉全部家当作路费，回到科尔飞村。1996年12月，科尔飞村的学校建成了。

摩顿森历时12年，在巴基斯坦和阿富汗地区捐建了60余所学校。他把自己的故事写成了《三杯茶》这本书。他说："只要你相信自己，就能做成任何事情。"

帮助穷人脱贫

1974年，孟加拉国发生大饥荒，到处都是因饥饿而挣扎在死亡边缘的人。大学教授穆罕默德·尤努斯努力寻找解决贫穷的办法。他走访郊区的农村，了解到当地妇女唯一的经济来源是制作并贩卖竹凳，但她们缺乏成本资金。

尤努斯了解到，如果一名妇女有22美分买材料，她通过劳动就能改变她的生活。他拿出27美元借给了一个村庄的42个人，并且声明："你们不必付任何利息，什么时候还得起再还钱。"后来所有人都及时偿还了贷款，她们的收入明显有所增加。

他摸索出小额贷款的方法，创立了为穷人服务的格莱珉银行，要求贷款人把钱用于发展生产，不收一点利息。如今，格莱珉银行已经向240万个孟加拉农村家庭提供了38亿美元的贷款。

尤努斯没有简单地向穷人捐款，而是以经济学家的智慧，帮助穷人通过劳动摆脱贫困。他实施的小额信贷模式，在全球100多个国家得到推广。尤努斯获得2006年度诺贝尔和平奖。

💡 填一填

根据上面的故事，将有关内容填写在下页表里。请把自己平时"献爱心"的做法也填在表格里，进行比较。

人物	目标	行动	结果
瑞恩			
摩顿森			
尤努斯			
自己			

▣ 议一议

　　瑞恩、摩顿森和尤努斯虽然年龄相差许多，却有着共同的美好品质：一是他们都很有爱心和责任感，二是他们都有极强的行动力，能够坚持不懈地努力。你从他们的故事中得到了哪些启发？

✎ 写一写

　　你为着自己向往的目标（不限于"献爱心"），付出过努力和行动。请你选择感受最深刻的一次经历，写一篇记叙文。

讲一讲

　　请你将《瑞恩的井》讲给爸爸妈妈听，请他们支持你，为着一个目标
开展有创意的美好行动。

⑯ 我和你

唱一唱

你还记得北京奥运会主题曲《我和你》这首歌吗? 它的歌词是——

> 我和你, 心连心, 同住地球村。
> 为梦想, 千里行, 相会在北京。
> 来吧, 朋友, 伸出你的手。
> 我和你, 心连心, 永远一家人。

如果条件允许, 播放《我和你》这首歌。或者, 全班同学轻轻地齐唱这首歌。

读一读

《我和你》这个作文题应该怎么写? 大枫树小学"兔子班"展开讨论。下面是林豆豆同学做的讨论记录, 请你读一读——

赵小宁说:"《我和你》这个题目, 应当处理好两个人之间的关系, 写出两个人之间的一个故事。围绕一件事情, 他们可以有冲突, 最后和解了。这个过程中, 其中的一方或双方都有了新的感受和体验。"

于草儿说:"你这么说, 让我想起二年级下期的课文《我为你骄傲》, '我'是一个报童, 打破了老奶奶家的窗户玻璃, 他积攒了卖报的 7 元钱去赔偿。老奶奶没要他的钱, 还给他了一袋松饼，里面放着他的钱和一张字条，字条上写着，我为你骄傲。"

范小梅说："还有《将相和》这篇课文，也写出了冲突与和解，是一个'我和你'的故事。"

祁好好说："我认为不一定要有冲突。两个人之间没有一点冲突，也能写出好文章。比如五年级下册学过的《自己的花是让别人看的》，实际上就是一个'我和你'的故事。大家还可以上网查阅《我的接线员朋友》这篇文章，写一个男孩独自在家，不小心砸疼了手指，打电话给问讯处，一个女接线员热情地告诉他该如何处理。后来，他一有事就打电话给她，尽管没见过面，但他们产生了很深的友谊。这也是一个'我和你'的故事，温暖又美好。"

尚可欣说："那篇文章我也读过，很感人。"

姜突突说："哇，我明白啦！《我和你》这个题目，就是要写出两个人之间的故事，揭示一个主题，要写出'发现点'。"

刘玲玲说："我可以写自己和一棵树的故事吗？也很感人哦。"

米晓敏说："我认为可以写人与树的故事，'你'不一定就是人，也可以是物。"

尚可欣说："我要写我和我们家的狗之间的故事，可以不？"

米晓敏说："写出'发现点'、'闪光点'，肯定可以。"

❓ 想一想

你觉得上述同学的发言对你有启发吗？把你认为正确的观点画出来。

请你参与讨论，把自己的观点写下来：

写一写

请以"我和你"为表达内容，写一篇记叙文。标题自拟。

做一做

与同学交换作文，互相修改。

⑰ 跟着问号去探索

🔶 读一读

美国著名科学家卡尔·萨根在一篇文章里写道——

很多孩子是天生的科学家，他们很好奇，爱动脑筋，引起思考的、有洞察力的问题滔滔不绝。他们显示出极大的积极性。

为什么月亮是圆的？为什么草是绿的？梦是什么？你能挖多深的洞？世界的生日是哪一天？为什么我们有脚趾……

这其中有许多是科学领域中的深奥问题，有一些尚未得到完全解决。

孩子的每个问题都表明他渴望了解这个世界。

▶ 学一学

李默涵同学上学要经过嘉陵江大桥。从桥上往下看，浑浊的江水从来没有变清过。他想：江水为什么会有这么多的泥沙呢？暑假里，他和学习小组的同学一起到江津市大桥乡调查水土流失情况。他们白天到森林、果园取水样，测量森林、果园及耕地的坡度和土层厚度，晚上聚在一起统计、讨论、分析。

经过半个多月的考察，李默涵掌握了关于地势、降雨量、森林砍伐、林地开发等方面的大量资料，分析后形成如何了保持水土的五点建议。他写了一篇考察报告，获得"茅以升全国少年科技奖"一等奖，他被中国少年科学院吸收为首批 13 名小院士中的一员。

李默涵同学从问题出发，进行调查、探索，写出了精彩的调查报告，真棒！

一个人喜欢问"为什么"，并探索求答，是有好奇心的表现。法国作家法朗士说："好奇心造就科学家和诗人。"

🔖 读一读

下面是几个四年级小朋友合写的一篇作文——

蜗牛是害虫吗

我们在菜地里看到，许多白菜叶上有卵形小洞，有的菜叶被吃得精光。一些蜗牛躲在菜叶里，菜叶是不是蜗牛吃的呢？蜗牛有什么样的生活习性呢？

种菜的李叔叔同意我们在他的大棚里进行实验。

我们把蜗牛分别饲养在放有小白菜和番茄的"小家"里，结果小白菜的叶和番茄上都出现了许多卵状小洞。我们查资料得知，蜗牛吃蔬菜，还吃果树的叶芽和农作物的根、叶。

蜗牛在不同的温度下会有什么反应呢？在常温下，蜗牛很活跃。我们把蜗牛放进冰箱冷藏室内，过一阵子取出来观察，发现蜗牛不吃不动，躲到壳里去了。可见，蜗牛对温度十分敏感。从资料中得知，高温干旱时，蜗牛的壳便会变白或变厚，成为它的避暑场所。这时，蜗牛还能分泌出一种粘液，把壳口封闭起来，抵御酷暑。每到秋季，它便开始搬家，爬进石缝、洞穴或钻到地下隐居起来，躲进壳中进行冬眠，到春天才出来。蜗牛的耐饥能力很强，4年不吃东西仍能存活。

把蜗牛分别放在潮湿的环境和干燥的环境中，发现在干燥环境中的蜗牛都不动了，而在潮湿地方的蜗牛却十分活跃。

在观察的过程中，还发现蜗牛怕光，白天总是躲在壳里，夜间才出来寻找食物。

对蜗牛进行解剖，发现蜗牛是一种软体动物，它的外形像田螺，内脏器官全都藏在螺壳内。行动时，就从壳口伸出扁平而柔软的块状足，匍匐前进。由于足底有腺体，行走时能分泌粘液，所以蜗牛爬过的地方都会留下痕迹。在观察中，我们发现蜗牛的爬行速度极慢，能顺原路返回。

我们从实验中了解到蜗牛的生活习性、生长环境和生理结构，还知道它们是农业害虫。

（杨梅 陈小庆 黄馨蔚 李鑫）

你从上文中得到哪些启示？请展开讨论，并将有益的观点记录下来。

✏️ 写一写

你有过"跟着问号去探索"的经历和体验吗？请把你的探索经历写成一篇记叙文。

做一做

重视自己在学习和生活中遇到的疑问，要主动去思考和探索。

⊕18 发现自己有力量

▣ 议一议

请同学们调动自己的生活经验和和阅读体验，一起讨论：你的印象中，力气最大的人是谁？请说出他显示力量的故事来。"力气"最大的人，是不是"力量"最大的人？为什么？"力气"与"力量"有什么区别吗？

💡 填一填

"力气"大，当然是有力量的表现；更多的时候，一个人的"力量"不是眼睛直接看到的，要用我们的心灵去感受和发现。

我们逐步认识到，力量主要表现在以下几个方面：

有力量的表现	有力量的人的名字	显示力量的故事
身体的力量		
情感的力量		
意志的力量		
智慧的力量		
创造的力量		

读一读

故事一

戴尔·泰勒牧师向教会学校的一个班宣布：谁要是能背出《马太福音》中的第五章到第七章的全部内容，他就邀请他们去西雅图的"太空针"高塔的旋转餐厅参加免费聚餐会。那是许多孩子做梦都想去的地方。

但是，《圣经·马太福音》第五章到第七章有几万字，而且不押韵，要背诵下来，有相当大的难度。在泰勒牧师的生涯里，从来没见到过一个非专业人士能够把它一字不漏地背诵下来。

但是有一天，一位11岁的学生竟然从头到尾、一字不漏地把原文背诵了下来，没出一点差错。泰勒牧师惊讶地张大了嘴巴，要知道即使是最虔诚的信徒，能背诵下来的也很少有，更何况是一个孩子。牧师好奇地问："你是如何背下的？"这个孩子回答道："我想试一试，只要我竭尽全力，就能做成我想做的任何事。"

这个孩子名叫比尔·盖茨。

故事二

加拿大有一个男孩，由于患病，左脸局部麻痹，连表情都没有。他的嘴角畸形，嘴巴歪向一边，说话结结巴巴，还有一只耳朵是聋的。

他模仿古希腊的演说家，嘴里含着石子练习说话，口腔和舌头都磨烂了。妈妈很心疼，要他不要练了。男孩说："妈妈，书上说，蛹都是自己冲破束缚，才变成漂亮的蝴蝶。我要做一只美丽的蝴蝶。"他坚持训练，从不间断。

经过艰苦努力，这个男孩学会了流利地说话，学业成绩也很优秀。

长大后，他参加了总理竞选，发表演讲讲述自己的成长经历和理想，提出"我要带领国家和人们成为一只美丽的蝴蝶"的竞选口号。他的经历、竞选口号和理想打动了选民。1933 年，他当选为加拿大总理，而且连任两届。

这个人的名字叫让·克雷蒂安。

❓ 想一想

比尔·盖茨和让·克雷蒂安的故事，显示出他们有着怎样的力量？

每个人都是有力量的。那么一个人应该从什么地方发现自己的力量？

每个人都应当让自己变得更有力量。你要如何做才能让自己变得更有力量？

◣ 做一做

与同学交换阅读各自的作文，并把自己的作文朗读给父母听。

✎ 写一写

自拟题目，记叙自己经历过的一件事，具体地展示出自己怎样从做这件事中感受到了力量。

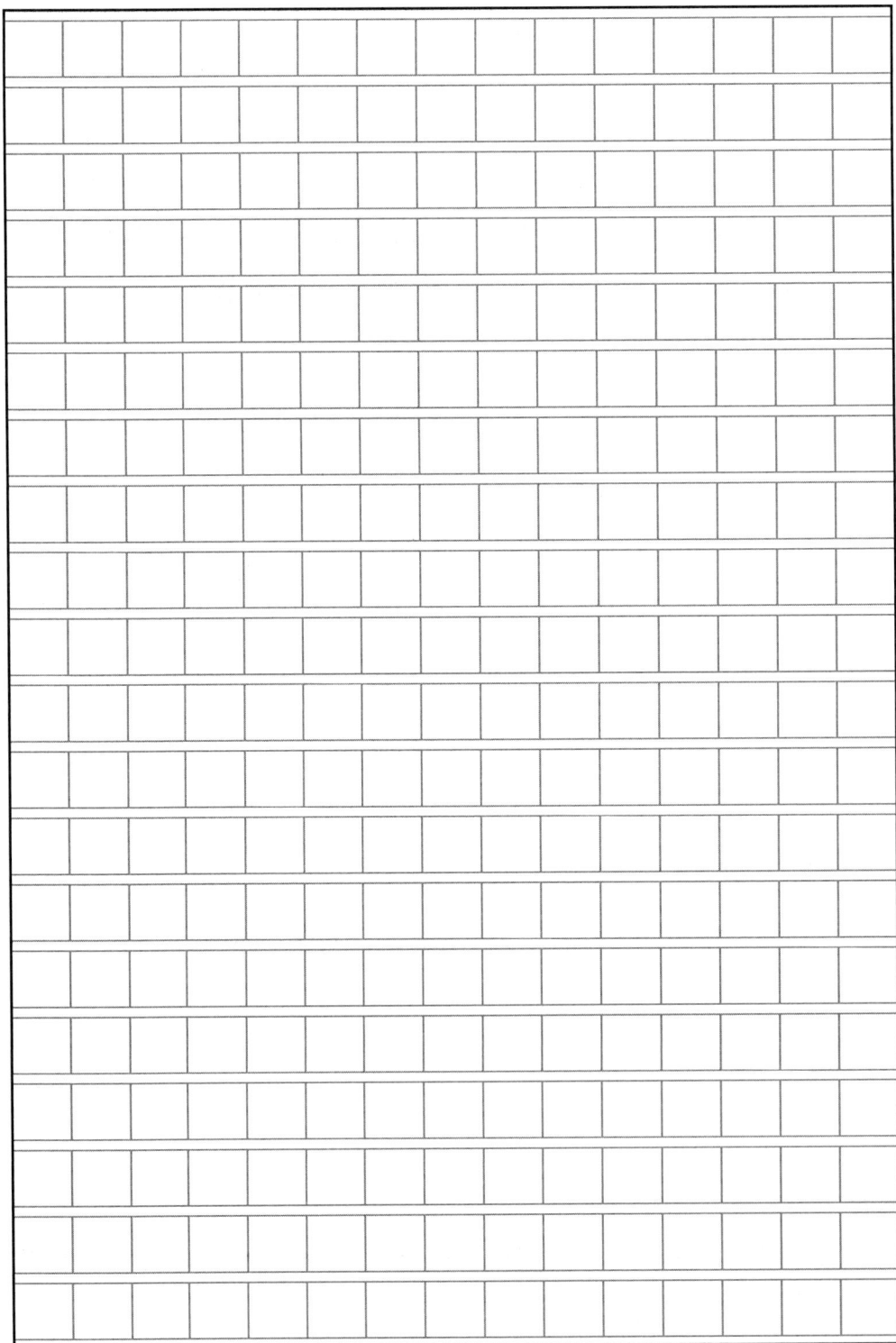

⑲ 亲爱的爸爸妈妈

读一读

读下面两则小朋友写的小诗,你有什么样的感想?

好妈妈和坏妈妈

张煜程(二年级)

好妈妈的声音甜甜的,

像温柔的和风飘进我的心里;

坏妈妈的声音粗粗的,

像雷声吓得我心怦怦跳。

好妈妈的眼睛弯弯的,

像明亮的月牙里面装满了笑意;

坏妈妈的眼睛圆圆的,

像一个大大的火山快要喷出火焰。

好妈妈的手软软的,

像一个棉花糖轻轻地摸着我的头;

坏妈妈的手硬硬的,

像石头一样打在我的屁股上。

爸爸另一面

张恒玮(二年级)

我老爸好凶,

尤其是我磨磨蹭蹭做作业的时候，

不挨打就算不错了。

六一儿童节这天，

爸爸突然接到奶奶电话，

说老爷爷生病住院了，

我们不管天下着大雨，

连夜赶到了浏阳。

走进病房，

老爷爷一见到我们，

脸上露出了笑容，

好像他病好了一样。

爸爸轻声细语地和老爷爷聊天，

帮老爷爷仔细地洗擦身体，

我看到了爸爸不凶的一面。

❓ 想一想

1. 你觉得爸爸妈妈对你严厉吗? 爸爸妈妈在什么情况下对你态度严厉? 在什么情况下对你态度温和? 你如何理解爸爸妈妈的严厉与温和?

2. 回忆过往, 说说爸爸妈妈为你做了哪些事情, 其中最让你感动的一件事情是什么?

3. 你想到过用行动去回报爸爸妈妈的爱吗? 你给爸爸妈妈做过什么?

🪐 画一画

阅读下文, 请用红色笔将作者描写的细节画出来。请用心理解作者在解决问题过程中的情感与智慧的含量。

爸爸的手变长了

湖南益阳市沧水铺镇花亭子学校五年级　杨祎祺

爸爸上班的地方有点远。为了节省路上的时间，爸爸买了一辆摩托车，每天早出晚归。

冬天来了，尽管爸爸在摩托车上装了挡风罩，但还是觉得开车的时候胸口冷得受不了。

爸爸想了一个办法，把外衣反穿，就是把衣服后面穿到身体前面。这样一来，衣服可以挡住脖子，还能挡住半边脸，冷风吹不进胸口，暖和多了。

可是，要从后面把外衣的拉链拉上来是非常吃力的事情，有时候他只好请别人帮忙，真麻烦。

有一天早上，看到爸爸吃力地把手反到后面拉拉链，我赶紧冲上去帮忙。

看着爸爸远去的身影，我心想，怎样才能让爸爸反穿衣服时更省事呢？

我突然想到，要是在拉链扣上加一截绳子，不就好了吗？我拿了自己的衣服做实验。果然，加上绳子之后，我很轻松地把衣服的拉链拉上去了。

爸爸回来之后，我找来一截尼龙绳，一头系在爸爸衣服拉链的小扣眼上，一头搭在爸爸的肩上。我叫爸爸从后面把拉链拉好后，一只手固定住拉链头，再用另一只手从肩上拉住绳子的另一头，轻轻地往上拉，一下子就把拉链拉上去了。然后又把绳子放下来，拉住绳子另一头轻轻往下一拉，拉链就开了。这样一来，爸爸反穿衣服就非常容易了。

爸爸高兴地说，我把他的手"加长"了。

写这篇文章的时候，爸爸去外地打工没在家，他把我给他改装的衣服带在身边。我很想他。

比一比

从写作的态度、观察的角度、情感的深度等方面，将《爸爸的手变长了》一文与《好妈妈和坏妈妈》《爸爸另一面》进行对比阅读，并整理自己的阅读感悟和心得。

写一写

请你用心观察，找到爸爸和妈妈在生活中某一方面存在的困难或问题，尝试自己动手去解决。根据自己的行动，写一篇记叙文。

⟨20⟩ 找到更好的方式和办法

❓ 问一问

一个人得到了一只魔法杯，只要让眼泪掉进杯里，那些眼泪就会变成珍珠。可是，这个人却是一个快乐的人，他怎么也流不出眼泪。

请你想一想，他应该怎么办？

你能想出多少种让他流泪的方式？

🔖 读一读

美籍阿富汗裔作家卡勒德·胡赛尼写的《追风筝的人》，是一部精彩的长篇小说，其中有一个片断，对于我们学习写作文有启发。

《追风筝的人》以第一人称"我"的角度来叙述故事。"我"是12岁的阿富汗富家少年阿米尔。

母亲在阿米尔出生时就去世了，父亲对阿米尔很冷淡。阿米尔性格文静，内心孤独，非常渴望得到父亲的欣赏和亲近，他开始了自己的行动。

小说里写道——

> 当天夜里，我写了自己第一篇小说。那是个悲伤的小故事，讲的是有个男人得到了一个魔法杯，如果他对着杯子哭泣，掉进杯里的眼泪会变成珍珠。可尽管一贫如洗，他却是个快乐的家伙，难得流泪。于是他想方设法，让自己悲伤，以便那些眼泪会变成他的财富。珍珠越积越多，他越来越贪婪。小说的结尾是，那男人坐在一座珠宝山上，手里提着刀，怀中抱着他深爱着的妻子死于非命的尸体，无助地将眼泪滴进魔法杯。

阿米尔希望父亲看到他的才华和能力。可是，父亲对他写的小说并无兴趣。这让阿米尔感到失望。

幸运的是，拉辛叔叔对他的故事产生了兴趣，当夜写了一封信，给予他的小说很高的评价——

> 你的故事饱含讽刺的意味。你也许还不懂得讽刺是什么，但你以后会懂的。有些作家奋斗终生，对它梦寐以求，然而徒唤奈何。你的第一篇已经达到了。

阿米尔读了这封信，得到极大的鼓励。他非常想把自己的故事说给某个人听一听。这个人只能是他的朋友哈桑。

哈桑是家里仆人阿里的儿子，从来没上过学。哈桑听了少爷阿米尔写的故事，称赞他写得太好了。可是，他还想说什么，又感到羞涩说不出口。

阿米尔鼓励他说出心里的话。

哈桑壮着胆子说：

> 如果要我来说，那男人干吗杀了自己的老婆呢？实际上，他为什么必须感到悲伤才能掉眼泪呢？他不可以只是闻闻洋葱吗？

哈桑目不识丁、不会写字，却提出了一个很特别的建议：人要流眼泪，不是只有内心悲伤这一种方式，闻闻洋葱就可以了。作者要让主人公流眼泪，不必残酷地让他杀死自己的妻子。

▶ 说一说

你觉得哈桑提出的建议好不好？他为什么会提出这样的想法？

你如何评价阿米尔的小说情节？你有更棒的建议吗？

⏸ 评一评

邓湘子认为——

拉辛叔叔的评语，肯定阿米尔写的小说具有讽刺意义，是很有道理的。他看重阿米尔的才华，给予热情的评价，对内心孤独的阿米尔有极大的鼓励。拉辛叔叔有艺术眼光，有鼓励孩子的热情，是一位善良宽容的长辈。

哈桑从来没上过学，也不会读书写字，从自己的生活感受出发，觉得阿米尔的小说情节不够自然，主人公的做法过于"残忍"，提出了一个更简单、善良而又智慧的流泪办法。

对于一个12岁的少年，阿米尔的小说写得富有想象力和才华，讽刺了贪婪的人性。但他的小说是凭空虚构的，没有遵循生活的真实，情节存在不合理、不真实的漏洞。

哈桑为什么能提出独特的意见？他经常和父亲一起在厨房里做事，有过闻洋葱流泪的经历和体验。他虽然不会写字，也不会写文章，却从生活本身吸取到了智慧，他的建议让阿米尔的小说情节更加自然，能够写出另一种艺术力量。

❓ 想一想

日常生活中，学习过程中，解决某个问题的方式往往不只一种。

请你回想自己在生活和学习中，是否有过用更简单、智慧的方式解决某个问题的经历。

你在生活中是否观察到，爸爸妈妈或周围的人用更简单、智慧的方式来解决某个问题。

做一做

请你有意识地在生活和学习中, 尝试用更简单、更智慧的方式去解决某个问题。

写一写

把"想一想"环节中得到的最棒的一个材料, 写成一篇生活气息浓郁的记叙文, 要写出自己或他人在日常生活中表现出来的智慧。

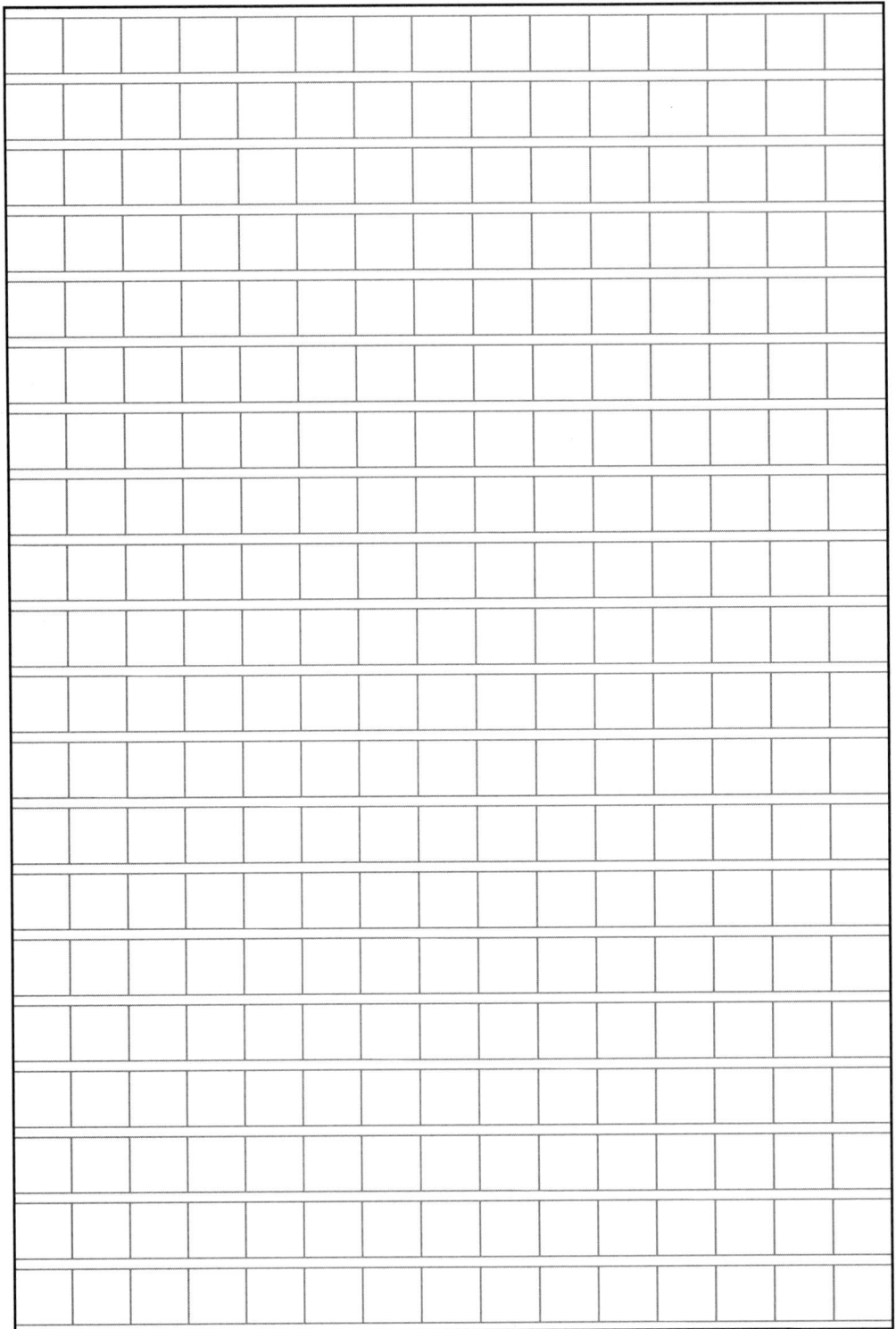

㉑ 玩出好创意

读一读

阅读下面三个材料，想一想这些故事中的小主人公有什么特点。

材料一：

斯蒂芬·霍金小时候是个"玩游戏大王"。他喜欢玩自己设计的游戏，养过蜜蜂，把自动玩具火车拆开，进行组装。9岁时，他们家搬到新的住处，霍金选择二楼的一间房子住，窗户外面有一个放自行车的车棚。他喜欢从车棚爬上窗户，进入自己的房间。他给妹妹出了一道智力题："我有多少种进入房间的方法？"妹妹算出了7种，他得意地说，他有11种进入房间的办法。五年级时，他和同学拆了钟的零件，制造了一台"电脑"，能够做出简单的计算。

材料二：

沃尔特·迪士尼小时候生活在农场里，每天放牧家里的猪和鸭子。他羡慕哥哥骑马在草原上奔跑，决心训练一头猪做坐骑。不知道从猪背上摔下来多少次，他终于驯服了一头大猪。来农场买苹果的人，喜欢观看他的骑猪表演。在学校里，有一次老师抱来一盆花要大家画。沃尔特把每一朵花画成孩子的笑脸，把叶子画成张开的双手。老师批评了这张画，同学们却喜欢他画得新奇有趣。

材料三：

蕾切尔·卡逊从小喜欢在山顶附近的家门口，看沿河北岸生长的五针松和对岸的公路，听河上船的汽笛声，喜欢到野外活动，到森林中探险，带回采撷的"宝物"。她喜欢画画，上学之前，画松树站在山顶上，画月亮从黑暗的夜空中显现，制作了一本十页的儿童书，作为礼物送给父亲。

我觉得故事中的小主人公有这些共同的特点：

_____

_____

_____

你在电脑上查询斯蒂芬·霍金、沃尔特·迪士尼、蕾切尔·卡逊，就知道他们的伟大成就啦。

哇，这些杰出的人物在童年时代，不仅喜欢玩，而且玩得超级有创意。假如让他们写自己玩过的这些事，一定会写得非常精彩！

▶ 学一学

下面是陈旖同学写的作文，同样玩得很精彩哦——

石头会说话

我喜欢收集石头，喜欢跟它们玩。我给它们穿上漂亮的衣服，它们就会说话了，还能讲很多有趣的故事呢！

乌龟妈妈带着乌龟宝宝散步去啰！

瞧，这个鼠标多酷呀！

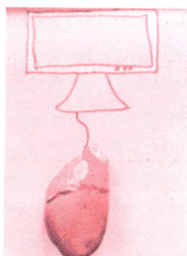

我是个有个性的茄子，我喜欢穿蓝色的衣服。

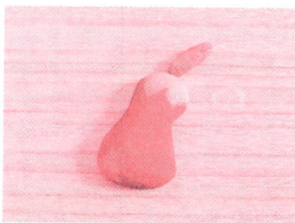

漂亮的花狸鼠在找什么呢?

议一议

陈旖同学给自己收集的石头画上颜色，画成各种可爱的造型和图画，很有创意。把这些"石头画"拍成照片，配上有趣的文字，成了图文互动的作文。读起来赏心悦目吧。

填一填

有些同学总是喜欢玩电脑上人家编写的游戏。玩这样的游戏，没有一点自己的创意。玩的时间久了，让自己越来越没有创意。

你玩过哪些有创意的游戏？你自己会设计有趣的游戏吗？请选择你曾经玩过的三项游戏，或者是自己设计的游戏，填入下表。

游戏项目	游戏创意	游戏故事

写一写

选择自己玩过的最精彩的一个游戏，自拟题目，写一篇有创意的作文。

22 长大的感觉是什么样的

读一读

大枫树小学"兔子班"以"当我长大了"为题,让每个同学写一首小诗。

赵小宁:当我长大了 / 我要把阳光收集起来 / 让汽车轻
松地奔驰 / 让飞机轻盈地飞翔……

林豆豆:当我长大了 / 我要发明一种奇妙的药 / 让所有人
吃了健康而又年轻

于草儿:当我长大了 / 我要去火星旅游 / 写一本《火星旅
行记》/ 给所有的大人和小朋友看

? 想一想

你从这些简单而纯真的诗句里,读出了什么样的感情和向往?

这些充满想象力的诗句,表达了同学们向往长大、渴望创造的心愿。是的,"成长"就是有了更自由的行动能力,有了更让自己惊喜的创造能力!

心理学家通过观察和研究,认为三、四年级小学生的身心发展有着许多的"飞跃"。从观察自己开始吧,体验"成长"带来的变化。

你能感觉到自己的"成长"吗?从哪些方面感觉到的?

留意观察身边同学们有哪些地方与往日不一样了?有哪些"成长"的表现?

❓ 问一问

1. 问妈妈，一年前自己穿几号的鞋子、衣服，现在穿几号的鞋子、衣服？

2. 你会主动去买学习用品和生活用品吗？从什么时间开始的呢？

3. 最近一年里多了哪些爱好？学会了哪些新的技能？

4. 最近一年里去了哪些新的地方？活动范围扩大了多少？

5. 最近一年里看了哪些新书和电影？交了哪些新朋友？

⌐ 看一看

你读过《我的宠物是恐龙》吗？这是一本很棒的书！

男孩纳特·忒巧家的母鸡孵出了一只三角恐龙！纳特为它取名叫贝姥爷。贝姥爷食量大得惊人，长得飞快，不到两周，自由镇周围的草就被它吃光了。怎么办呢？纳特接受杰默博士的建议，把贝姥爷送到远在华盛顿的国家博物馆。

贝姥爷太能吃了，每天要吃8口袋紫苜蓿和200磅粮食，要花掉纳税人21元6毛钱。参议员提出一项议案，建议消灭这头恐龙。

小学生纳特如何能推翻国会议员的提案，保护恐龙呢？

聪明的纳特到电视台去发表讲话，向公众介绍他的恐龙和他们所遇到的困难，呼吁大家赶快行动起来，反对提案，救救恐龙。

纳特的电视讲话引起了很大的反响，全美国都行动起来了，大家游行抗议参议员的"恐龙提案"，还踊跃捐款。最后，恐龙得救了。

这本四十多年前出版的书被列为美国"不可忘怀的好书"

之一。纳特为照顾和拯救恐龙所做出的努力，会让我们明白什么叫责任。

我们通过这个故事，能看到有关美国宪法、公民权利和政府运作的信息。你从书中会知道一个孩子如何通过自己的努力和声音去影响公众，参与国家事务。

▶ 学一学

《我的宠物是恐龙》一书中，纳特拥有一只宠物恐龙，成了他遇到的一大麻烦和一个难题。他像成年人一样，用公民的方式和规则，创造性地去解决问题，终于挽救了恐龙。有人说，这是一部生动的培养小公民的教科书。

每个人都是在解决问题中得到强烈的成长感觉。同学们要像纳特一样，敢于正视遇到的困难，主动用行动、智慧去解决问题。

✏ 写一写

选择已做过的一件让自己体验到"长大"感觉的事情，把事情的经过和自己的体验记叙下来，写成一篇作文。题目自拟。

23 "发现"从哪里来

填一填

在下表的空白处填上恰当的内容。

大发现者	观察（现象）	发现（规律）
牛顿		万有引力定律
鲁班	手被叶子伤，叶子上有齿	
	天然野生杂交稻	培育人工杂交稻

认真体会上面表格里的内容，了解"发现"的真正含义。

读一读

下面这些杰出人物的话语揭示了"发现"的秘密，值得用心理解。

法国雕塑家罗丹说："美是到处都有的。对于我们的眼睛，不是缺少美，而是缺少发现。"

科学家贝尔纳说："那些没有受过未知事物折磨的人，不知道什么是发现的快乐。"

作家左拉说："生活的全部意义在于无穷地探索尚未知道的东西，在于不断地增加更多的知识。"

爱因斯坦说："我没有什么特别的才识，不过是喜欢刨根究底地追究问题罢了。"

科学家戴维说:"我们那些最重要的发现,是受失败的启示而得出的。"

牛顿说:"如果我比笛卡尔看得远些,那是站在巨人肩上的缘故。"

科学家希克逊说:"尝试,尝试,再尝试。如果你并没有因此而成功,你所要做的自然是:尝试,尝试,再尝试。"

找一找

请找出上述名言中的动词,用红色笔圈出来。

这些动词,透露出那些杰出人物获得伟大发现的秘诀。

请说出这些动词与"发现"有什么关系。

请再找一找,想一想,还有哪些动词与"发现"有关。

说一说

"发现"从哪里来?

如果想获得惊喜的发现,你应该怎么做?

? 想一想

下列说法中的"发现",是不是"发现作文"里所说的"发现"?为什么?

1. 我今天上学的时候,发现李老师穿了一身新西装。

2. 李老师发现王朋没交作业,找他谈话。

记一记

找一条名言,或自己拟一条哲言,作为自己的座右铭。

我的座右铭:

填一填

　　"发现作文"创意人邓湘子老师提倡同学们表达自己对生活的发现、对大自然的发现、对心灵的发现。这样的作文,就叫"发现作文"。请你回想自己在生活和学习有过的"发现"(哪怕是小小的发现),填写下表。

观察对象	观察过程	获得的发现

做一做

　　请你和同学或父母进行讨论:什么是"发现"?"发现"从哪里来?"发现"在我们的学习和工作中有什么作用? 留意听他们的意见。

写一写

　　1. 以"我对'发现'的认识和理解"为题,写一篇简短的学习心得。

　　2. 以"我的一个惊喜发现"为内容,自拟题目,写一篇记叙文。

24 我的"十万个为什么"

读一读

什么，为什么，怎么样

（匈牙利）哈尔什 / 著

韦 苇 / 译

树叶不动的时候，风在哪里？

风从哪儿吹来，又吹向什么地方？

夜里，白天那太阳在哪里？

白天，夜里那月亮在什么地方？

为什么河水会不停地流动？

湖是站着不动的水吗？

鱼儿也能在空中游吗？

雨只会下，不会飞吗？

什么？为什么？怎么样？

这些答案都往哪儿找？

大人都这样回答我：

你大起来就什么都会知道！

可是我等不到长大，

就想把什么都弄明白，

为什么，太多的为什么，

一天到晚我都在心里猜。

看一看

你知道《十万个为什么》这套书是怎么编出来的吗?

1958 年,上海少年儿童出版社准备编一套新中国成立 10 周年的献礼图书。编什么内容呢? 编辑们开动脑子寻找选题。

青年编辑曹燕芳想到女儿喜欢问这问那, 看见什么就缠着她问为什么, 还常常要打破砂锅问到底。曹燕芳说: "干脆就出一本回答问题的书, 一问一答, 让孩子们自己看!"

书名叫什么好呢? 大家想了几十个题目, 经过仔细琢磨, 觉得《十万个为什么》这个书名最好。

编辑们跑进学校, 向小学生征集到各种各样的问题。如: 先有鸡还是先有蛋? 人是不是猴子变的? 现在猴子还能不能变成人? 有的小孩为什么会长白头发? 饺子熟了为什么会浮起来? 路边的大树下半截为什么要刷成白色? 冰棍为什么会冒白烟?

编辑们把各种 "为什么" 进行整理、归类。谁来回答这些 "为什么"? 编辑们请学校老师写稿件, 感到不满意, 他们约科学工作者来写, 还是不满意, 最后找到一批科普作家来写。

1962 年,《十万个为什么》8 本分册陆续出齐, 一共收录问题 1484 个, 如: 水壶里为什么会长水垢? 为什么馒头里有一个个小洞洞? 为什么汽水瓶一打开会有很多气泡翻腾……有趣的问题背后, 是新奇的科学知识, 吸引着孩子们走进科学的新天地。

? 问一问

你的脑袋里经常会冒出一个个问号, 你重视这些问号吗? 选择你的做法，在下列几句话后面的括号内打"√"：

1. 不管它，一会儿就把它忘记了。（   ）

2. 查有关的书籍，找出答案。（   ）

3. 向大人打听答案。（   ）

4. 立即记录下来，把找到的答案写在问题的后面。（   ）

写一写

把你想到的那些奇异的"为什么"收集起来，一定是非常有意思的。

请你拿出笔来，写出自己最近特别想弄清楚的 10 个"为什么"。

1.＿＿＿＿＿＿＿＿＿＿＿＿＿＿＿

2.＿＿＿＿＿＿＿＿＿＿＿＿＿＿＿

3.＿＿＿＿＿＿＿＿＿＿＿＿＿＿＿

4.＿＿＿＿＿＿＿＿＿＿＿＿＿＿＿

5.＿＿＿＿＿＿＿＿＿＿＿＿＿＿＿

6.＿＿＿＿＿＿＿＿＿＿＿＿＿＿＿

7.＿＿＿＿＿＿＿＿＿＿＿＿＿＿＿

8.＿＿＿＿＿＿＿＿＿＿＿＿＿＿＿

9.＿＿＿＿＿＿＿＿＿＿＿＿＿＿＿

10.＿＿＿＿＿＿＿＿＿＿＿＿＿＿

对同学们说一说自己写下的"为什么"。

🔆 记一记

留意听同学说，把你觉得最有意思的"为什么"记录下来。至少要记录 10 个"为什么"。

1＿＿＿＿＿＿＿＿＿＿＿＿＿＿＿＿

2＿＿＿＿＿＿＿＿＿＿＿＿＿＿＿＿

3＿＿＿＿＿＿＿＿＿＿＿＿＿＿＿＿

4＿＿＿＿＿＿＿＿＿＿＿＿＿＿＿＿

5＿＿＿＿＿＿＿＿＿＿＿＿＿＿＿＿

6＿＿＿＿＿＿＿＿＿＿＿＿＿＿＿＿

7＿＿＿＿＿＿＿＿＿＿＿＿＿＿＿＿

8＿＿＿＿＿＿＿＿＿＿＿＿＿＿＿＿

9＿＿＿＿＿＿＿＿＿＿＿＿＿＿＿＿

10＿＿＿＿＿＿＿＿＿＿＿＿＿＿＿

◥ 做一做

从全班同学说的"为什么"中，选出 10 个"最有价值的'为什么'"。

班上同学分成 10 个小组，每个小组解答一个"最有价值的'为什么'"，围绕问题搜集资料，进行探索解答。把找到的答案和寻找答案的经历，写在问题的背后。

把各组的材料装订在一起，编出目录，就成了一本书：《我们班的"十万个为什么"》第一分册。你们以后可以做出更多的分册。

请你和小组的同学围绕一个问题，进行探索解答。请你写一篇作文把探索过程记叙下来——

? 想一想

　　许多同学遇到了问题，通常是找书报，或通过网上"百度"进行搜索，也有的问父母或老师。这都是值得肯定的做法。但是也应当明白，这类寻找答案的方式比较简单，自己得到的体验是有限的。

　　请你想一想，还有没有别的办法，让自己在寻找答案的过程中，得到更丰富的体验和惊喜？

⌐ 试一试

　　请你尝试来做邓湘子老师设计的趣味写作活动：坚持记录自己提出的问题，编一本精彩的《我的"十万个为什么"》。请你准备一个本子，记录生活和学习中遇到的各种各样的问题。一个问题占一页纸，经常为记下的问题找答案，把答案写在问题的背后。

为什么提倡小朋友写"发现作文"
答小读者问

邓湘子

问：请你说一说，什么样的作文是"发现作文"？

答：同学们在学习和生活中，不断地获得各种感悟、体验、启发，从而学会认识生活、丰富心灵、了解自我和世界。我把那些表达作者对生活的发现、对心灵的发现、对大自然的发现的作文，那些具有发现思维特征的作文，称为"发现作文"。

问：你为什么要提倡小朋友都来写"发现作文"呢？

答：我采访著名科学家袁隆平院士的过程中，感悟到科学家是通过不断获得发现而取得成功的。他们写的文章，内容必须是新鲜的，要有自己的发现和独创，否则就没有什么价值。科学家做研究、写文章的方式和方法，能给我们学习写作提供有益的启示。提倡小朋友写"发现作文"，就是希望小朋友学会观察、尝试探索、独立思考、深入感悟，唤醒发现意识，写出具有自己个性和特色的作文。

问："发现作文"是不是要求一定要写别人没有写过的内容呢？

答：能写出别人没有写过的内容，本身就是一种发现。你发现了新鲜的题材，当然好了！其实，如果你能在普普通通的生活中有自己的新发现，也能写出新鲜生动的作文。比如，有个小朋友写了一篇《马耳朵表达心情》。大家都看到过马的耳朵，可是这位小作者经过反复观察，看到马在高兴的时候，耳朵有力地竖起。它不高兴或疲倦时，耳朵无力地耷拉着。这样的发现真是有趣而又新鲜。

问：我们应当写一些什么样的"发现"呢？

答：可以写的内容有很多。比如说，发现生动准确的语言，发现事物的特点，发现现象背后的本质，发现生活中的美，发现内心的感动，发现大自然的秘密，发现人物的"闪光点"，发现亲情和友情，发现生活情趣，发现细节，发现学习的快乐，发现人生的榜样，发现人生努力的方向……这样的发现将带来新奇与惊喜，使你们的作文变得生动鲜活。

问：请你说一说，"发现"从哪里来呢？

答："发现"从观察中来。平时老师要求同学们写作文之前要多观察，这毫无疑问是对的。但是，观察要达到什么目的？观察的目的就是要有新的发现。有所发现的观察才是有效的观察。

"发现"从生活中来，从实践中来。我们提倡"学会发现"，就是提倡热爱生活，敏于行动，大胆尝试。

"发现"从感悟中来，从思索中来。爱提问题、喜欢思考的人，会从阅读中，从学习和生活中，获得更多、更棒的发现。

问：你觉得最好的"发现作文"是什么样的？

答：最好的"发现作文"，就是世界一流的文学作品、一流的科学论文、一流的艺术作品，因为那里面表达的是最伟大的发现。小学生应当从小学会发现，养成独立思考的品质，培养创造性思维，希望你们将来能够获得伟大的发现。

问：你能教我们一些获得发现的方法吗？

答：要激发好奇心，大胆尝试，动手动脑。要敢于提问，主动寻找答案。这样就会有许多新的感受、感悟和发现。在这个基础上，把作文写得新鲜生动，就不难了。

问：我们都能写好"发现作文"吗？

答：我写了一本书，叫《发现作文·观念风靡版》，告诉同学们如何打开思路，获得自己的发现。你们阅读这本书，能够得到更多的启发。把"做"与"写"结合起来，把动手与动脑结合起来，把思考和表达结合起来，小朋友都能写出优秀的"发现作文"。

那些智慧地表达出了伟大发现的人，成为了不起的作家、诗人、艺术家、科学家、哲学家。我把他们称为"大发现者"。我希望同学们做小发现者，培养探索精神，强化发现意识，这样作文会越写越好，你们也会变得越来越聪明，长大就能成为大发现者！

图书在版编目(CIP)数据

邓湘子彩色笔作文书. 爱上发现作文：中级／邓湘
子编著. —长沙：中南大学出版社，2020.8
ISBN 978 - 7 - 5487 - 3543 - 4

Ⅰ. ①邓… Ⅱ. ①邓… Ⅲ. ①阅读课－小学－教学参
考资料②作文课－小学－教学参考资料 Ⅳ.
①G624.203

中国版本图书馆 CIP 数据核字(2019)第 007912 号

邓湘子彩色笔作文书
爱上发现作文：中级
DENGXIANGZI CAISEBI ZUOWENSHU
AISHANG FAXIAN ZUOWEN：ZHONGJI

邓湘子　编著

责任编辑	谢贵良　梁　甜　张　倩
美术设计	几木艺创
封面设计	周　周
责任印制	周　颖
出版发行	中南大学出版社
	社址：长沙市麓山南路　　　　邮编：410083
	发行科电话：0731 - 88876770　传真：0731 - 88710482
印　　装	湖南省众鑫印务有限公司
开　　本	787 mm × 1092 mm　1/16　印张 7.5　字数 94 千字
版　　次	2020 年 8 月第 1 版　2020 年 8 月第 1 次印刷
书　　号	ISBN 978 - 7 - 5487 - 3543 - 4
定　　价	26.00 元